Ruhelose Suche nach dem Glück

Schauspiel in 3 Akten

H. Ardjah

AF211626

Prof. Dr. Hassan Ardjah wurde in Teheran geboren. Abitur, Studium der Medizin und Philosophie in Heidelberg. Sein besonderes Engagement gilt dem Einsatz für Frieden und eine humanere Welt.

Herstellung und Verlag: Books on Demand GmbH, Norderstedt

ISBN: 978-3-8423-8233-6

>> Einst träumte Dschuang Dschou, dass er ein Schmetterling sei, ein flatternder Schmetterling, der sich wohl und glücklich fühlte und nichts wusste von Dschuang Dschou. Plötzlich wachte er auf: da war er wieder wirklich und wahrhaftig Dschuang Dschou. Nun weiß ich nicht, ob Dschuang Dschou geträumt hat, dass er ein Schmetterling sei, oder ob der Schmetterling geträumt hat, dass er Dschuang Dschou sei...**<<**

Aus dem >Dsi<, das wahre Buch vom südlichen Blütenland, übersetzt von Richard Wilhelm.

4

Erster Akt

Das Bühnenbild begnügt sich mit dem Arbeitszimmer eines Direktors. In der Mitte der Bühne steht ein Schreibtisch auf dem sich ein Computer, ein Telefon und eine Blumenvase mit weißen Rosen befinden.

Musikalisches Vorspiel, das die Atmosphäre festlegt – Don Juan / Tondichtung nach Nikolaus Lenau / Richard Strauss.

Zwei Sekretärinnen erscheinen und bleiben im Hintergrund stehen. Dann tritt, aus der Tiefe der Bühne kommend, der Direktor (Marcus) auf. Er ist elegant – Maßanzug – angezogen, trägt eine rote Krawatte. In bedachtem Abstand folgt ihm die Chefsekretärin. Vor dem Schreibtisch angelangt, zögert Direktor Marcus einen Augenblick.

Marcus *gut gelaunt:* Wir haben am Ende doch erreicht, dass die Projektfinanzierung steht, das ist immerhin etwas!

Plötzlich klingelt das Telefon. Die Chefsekretärin hebt ab. Kurzes Schweigen. Mit einem bösen Lächeln hört sie zu. Dann sichtlich echauffiert.

Chefsekretärin: Nichts davon ist wahr, Herr Staatssekretär. Unser Konzern hat bis heute mit Lichtenstein keine Kooperation.

Marcus steht steif da. Die verstörte Sekretärin schaut ihn an, der den Hörer an sich reißt. Dann spricht er laut.

Marcus: Schon lange müssen wir zusehen, wie manche Unternehmen von Tag zu Tag ihre Geschäfte in Steuerparadiesen abwickeln und die Behörden sehen zu. Heute kommen sie auf uns zu, ein Konzern mit Tradition für solide Finanzen.

Nach kurzem Schweigen fragt die Sekretärin plötzlich mit ängstlicher Koketterie in Zeichensprache.

Sekretärin: Soll ich verschwinden, Herr Direktor?

Marcus gibt ihr zu verstehen, sie soll bleiben. Die Chefsekretärin bleibt stehen. Er winkt ihr zu, sie soll sich setzen. Er schaut sie wohlwollend an und spricht in höherem Ton weiter.

Marcus: Nun, Herr Staatssekretär! Die Party hat sie doch nicht infiziert! Da sieht man wie nachlässig und vergesslich manche sind, wenn sie sich im Vergnügungsrausch befinden. Als ich mit Ihnen sprach und bevor Sie in Begleitung Ihrer schönen Sekretärin mit imposantem Dekolleté verschwanden, sagten Sie, Sie würden sich bei mir melden, von Bedrohung und Regression war dabei nichts zu spüren.

Die Chefsekretärin spitzt die Ohren und überlegt.

Chefsekretärin *zu sich selbst:* Du musst doch vielleicht mehr aus dir und deinen Outfits machen. Er tut mir Unrecht, wenn er mich nicht liebt. Er sieht mich nicht einmal richtig an.

Sie knöpft ihre Bluse auf. Marcus schaut sie desinteressiert an, während er telefoniert und lächelt.

Allmählich ausblenden.

Plötzlich klingelt Marcus' Handy. Die Chefsekretärin winkt ihm zu und übernimmt das Gespräch mit der Finanzbehörde im Vorzimmer und entfernt sich mit den anderen Sekretärinnen in den Hintergrund.

Marcus: Ich verstehe Dich einfach nicht, Mama! Wie kann man so sein! Stur und egozentrisch. Was Dir fehlt, ist Herz und Toleranz.

Marcus beendet das Gespräch und denkt laut nach.

Marcus: Wie hätte ich ihr erklären können, dass die Liebe weniger mit Vernunft, als mit Leidenschaft zu tun hat. Dass es mir nicht darum geht, die Ansichten der Frauen zu widerlegen! – Ja, dass mir an den Frauen ihre Ansichten als das Unwesentlichste erscheinen!

Pause, dann denkt er weiter laut nach

Marcus: Meine Mutter ist beinahe vollkommen. Ich aber bin nicht vollkommen. Ich bin sehr menschlich, also das Gegenteil von vollkommen. So denke ich jedenfalls heute. Zwar war ich auch durch sie halb göttlich. Aber der Teil meiner Seele, der menschlich war, hat mich von meinem Ödipuskomplex befreit. Das darf ich wohl sagen, ohne damit meinem ruhmreichen Vater zu nahe zu treten.

Marcus *tief in seinem Sessel versunken, blickt erst in die Ferne, dann ins Publikum. Ruhig und vertraulich erzählt er:* Damit glaube ich, das Wesentliche angedeutet zu haben. Mein frühes Erlebnis ist vielleicht der Erwähnung wert: Als ich fast noch ein Knabe war, wurde ich von meiner Mutter verführt. Sie war jung, schön und eine explosive Frau. – Nun ja – ich war eben in den Pubertätsjahren selbst sehr neugierig und liebte die Schönheit über alles.

Marcus *murmelt niedergeschlagen, nach einem erdrückenden Schweigen, dann sehr von oben herab:* Ich sehe, Ihr versteht das nicht, Ihr verabscheut solchen Inzest. Tun sie es nicht, meine Lieben.
Mit einer Geste zum Publikum: Viele haben das gleiche oder ähnliches erlebt, aber nur wenige geben es zu. Gebt mir die Chance Euch von meinem Leben zu erzählen: Gestern, heute und morgen, immer auf der Suche nach dem Erfolg, nach dem Glück. Unglücklich in der Seele, erfolgreich im Beruf. >Youtuben<, >Twittern< oder einfach

>Egogoogeln<, also die selbstvergewissernde Suche. Man kommt nie zum Nachdenken und Erkennen, wer man ist.

Kurzes Nachdenken: Wie leicht doch wir Männer zu durchschauen sind – nur leider habe ich nicht zu den Männern gehört, welche die Naivität liebenswert macht.

In diesem Augenblick erklingt himmlische **Musik – Der Schwan / aus Karneval der Tiere / Sain Säens.**

Die Chefsekretärin tritt wieder ein. Sie trägt ein reizvolles Kleid, legt taktvoll die erledigte Arbeit vor und bittet Herrn Direktor zu unterschreiben. Plötzlich blickt sie ängstlich zu ihm auf.

Chefsekretärin: Habe ich etwas Unrechtes gesagt? Was, Herr Direktor?

Marcus *verschlossen*: Nichts. Ich mag nicht, dass man mich anhimmelt! Ich habe es Ihnen öfters gesagt!

Die Chefsekretärin in einen Knicks versunken.

Chefsekretärin: Ja, Herr Direktor.

Marcus hilft ihr auf und bringt dabei eine zärtliche Berührung an. Die Chefsekretärin tritt etwas zur Seite, deutlich überrascht. Marcus mit einem ironischen Lächeln.

Marcus: Haben Sie auf einmal Angst vor mir?

Chefsekretärin *murmelt leise, dass Marcus sie nicht hören kann:* Ich liebe Sie doch.

Dann laut: Jedes Untertanen Pflicht gehört dem Herrn Direktor; jedes Untertanen Leib; jedes Untertanen Seele ist sein Eigentum.

Marcus sieht ihr zu mit kaltem Blick und geistesabwesend. Er singt dabei ein paar Takte Yoko-John Lennon >Woman is the Nigger of the World<. Plötzlich bricht er ab, tritt näher, fasst die verdutzte Sekretärin an die Schulter und fragt.

Marcus: Ich hoffe, Sie haben eine schöne Seele und finden das alles sehr gemein von mir? Ich wünschte, das Schicksal hätte anderes gewollt, denn öfters hörte ich meine Mutter sagen, dass ich zur Welt, den Kopf vorwärts kam. Immer den kühlen Kopf bewahren, ihn vor der Hitze des Herzens schützen.

Marcus hat die Sekretärin losgelassen. Schweigt. Sie setzt sich wieder und versucht entspannt auszusehen. Der Druck in den Ohren wird stärker und sie hat das Gefühl, in der Magengrube einen dicken Klumpen zu tragen.
Die Szenenbeleuchtung wird gedämpft. Leise ergreifende **Musik im Hintergrund – Von der großen Sehnsucht. Also sprach Zarathustra. Richard Strauss.**

Stumm und verstört bleibt die Sekretärin sitzen. Doch bevor sie den Mund auftun kann, steht Marcus wieder auf. Er bleibt stehen und fängt wieder an von sich zu erzählen.

Marcus: Es gibt Tage in Berlin, die so grau und nass und lichtlos sind, als ob die Welt gleich untergehen möchte. Und an denen man trotzdem eine Sehnsucht spürt. Man weiß nicht wovon, wonach oder wohin eine Sehnsucht, die einem aus dem Orbit ans Herz zu greifen scheint, als ob man plötzlich den Himmel mit all seinen Versprechungen fühlen kann, wie beim Sturz die Anziehungskraft der Erde. Und es gibt Orte, die jede Sehnsucht gefangen nimmt. Dieser, unser Konzern, keine fünfhundert Meter hinter dem Kanzleramt, ist so ein Ort. Bis hier habe ich es geschafft und sitze in einem der drei begehrtesten Chefsessel der Finanzwelt und bin im Grunde ein armer Teufel!

Chefsekretärin *murmelt*: Ah, der Erfolg fordert sein Tribut, Herr Direktor.

Marcus *blickt verschlossen geradeaus*: Sie haben mich noch nie enttäuscht. Der einzige Mensch, zu dem ich Vertrauen habe, sind Sie. Sie werden alles von mir und meinem maroden Leben erfahren!
Er gibt der Sekretärin ein Zeichen Geduld zu haben und spricht nachdenklich.

Marcus: Im Berlin der neuen Reichen und Snobisten begegnet man keinem einzigen normalen

Menschen. Hier gibt's nur Spinner und Ausgeflippte. Ich war erst ein paar Monaten hier und merkte schon, wie ansteckend das ist. Wie geht es Ihnen? Wie fühlen Sie sich?

Die Sekretärin fühlt sich angesprochen, kommt aber nicht zu Wort.

Marcus spricht weiter, und wenn er spricht, will er nicht unterbrochen werden.

Marcus: Ist der Irrsinn in der >High Society<, in der sich alle wohlfühlen ansteckend? Kommt jemand und rettet mich? Ich brauche dringend ein bisschen Verständnis für meine einsame, ausgebrannte Seele. Ich brauche jemanden, der die Decke, die mir auf den Kopf fällt, ein bisschen hochhebt. Hier gibt es genug Macher und Möchtegernemporkömmlinge, Manager, Seiltänzer und Hochstapler, die mich vereinnahmen. Sie sind überall, und es gibt in meinem ganzen Umkreis keinen einzigen normalen Menschen, der begreift wie verrückt mich dieser Lebensrhythmus macht. Ich wurde von meiner Heimwelt und dem >behüteten Mutterschoß< hierher getrieben. Ja, ihr hört richtig (*Marcus blickt ins Publikum*), auch ein Senkrechtstarter und vom Erfolg Verwöhnter wie ich kann Instinkte und Emotionen haben. Erst gewann ich einen großen Abstand von meiner Mutter, einer beinahe vollkommenen Frau. Sie nannte mich immer >Mein Engelchen<.

Marcus *mit einer Geste als spreche er mit seiner Mutter*: Ich glaube, Mama, man kann sich zur Vollkommenheit erziehen.

Die **Chefsekretärin**, *bisher hat sie zugehört, sagt plötzlich*: Gewiss, aber dazu gehören zunächst ein Vorbild und der Wille zur Vollkommenheit.

Marcus, *mit einer Geste von oben herab*: Verstehen Sie was davon? Jeder Mensch sollte den Willen in sich spüren.

Die **Chefsekretärin** *ermutigt*: Meinen Sie, Herr Direktor? Ich weiß nicht, ich finde, man sollte es auch nicht übertreiben.

Marcus: Aber meine Liebe, wie können Sie …!?

Die **Chefsekretärin** *mit einer glücklichen Geste zu ihm*: Ich weiß, zwischen Traum und Wirklichkeit liegt ein weites Betätigungsfeld! Herr Direktor, manchmal kommt es mir wirklich seltsam vor, dass ausgerechnet Sie mein Chef sind.

Marcus, *dessen philosophisches Interesse plötzlich erwacht ist*: Mir auch, meine Liebe.

Die **Chefsekretärin**, *überglücklich von dem >meine Liebe< aus dem Mund ihres Chefs*: Und dann denke ich auch, Sie schweben in einer anderen Hemisphäre, weit weg von der Realität …

Marcus *wieder sorgenvoller:* Dieser Gedanke ist mir in der Tat öfters gekommen, denn ich fühle mich wohl freier, ohne ein ständiges, abschreckendes Beispiel, das meine Mutter gibt, vollkommen zu sein. Ich meine, unsereins – die Unvollkommenen – haben einen Anspruch auf das eigentliche Leben.

Marcus *jubiliert:* Ja, wenn die Menschen wirklich zu atmen und zu leben, zu singen und zu spielen, zu meditieren und zu glauben, zu musizieren und zu tanzen vermöchten, wenn die Liebe und Leidenschaft eingingen ins Leben, so wäre Ordnung und Friede in jedem Einzelnen und in der Welt.
Nach kurzem Schweigen: Ich suche nicht die Vollkommenheit, ich bin auf der Suche nach der wahren Liebe. Wenn ich sie nur habe, habe ich auch die Welt. Es ist damit die Welt gemeint, mit allen ihren Abgründen und allen Herrlichkeiten ihrer Höhen und Tiefen, und die Welt als Schauplatz der Geschichte. Und vielleicht ist es das Wort >Geschichte<, um dessentwillen ich in dieser mehr geschichtsträchtigen als gesichtslosen Stadt lebe und die Glut meiner Sehnsucht trage und hin und wieder in die Tiefen hinab gestiegen bin. Ich wollte Sie, meine Liebe nur davon unterrichten, damit Sie in Ihrer Klugheit selbst beurteilen, wer ich bin.

Schweigen

Die **Chefsekretärin** *prüft ihn mit einem langen Blick, dann sagt sie leichthin:* Klugheit ist eine Tugend, aber man darf auch nicht zu klug sein und die Emotionen vernachlässigen, dafür hat man ein Herz, oder?

Marcus *lächelt*: Es ist schwer, der wahren Liebe zu begegnen, wenn man große Verantwortung hat.

Er setzt sich wieder hin.

Die **Chefsekretärin** *seufzt leicht und murmelt*: Kein Wunder! Vor der Übermacht der Persönlichkeit der Mutter und ihres Einflusses versagt der Sohn bei seiner Suche nach der >idealen< Frau. Sobald der Vorhang vor Direktors' Traumfrau Gestalt annimmt, steht die Mutter da.

Marcus *peinlich berührt*: Das tut mir leid, meine Liebe.

Chefsekretärin: Glauben Sie mir, Herr Direktor, ich wünsche Ihnen, dass Sie eines Tages zu Ihrem Glück finden. Ich fühle, dass dies bald geschieht. Sie müssen sich nur öffnen.

Marcus: Ich weiß eigentlich nicht genau, was eine >ideale< Frau ist, aber ich vermute, dass man dabei ein Gefühl empfindet. Das ist, soweit ich weiß, ein besonderes Gefühl.

Chefsekretärin: Ich fürchte, so ganz verstehe ich Sie immer noch nicht.

Marcus: Das ist auch im Augenblick noch nicht nötig. Noch ist es nicht Abend.

Chefsekretärin: Aber es dämmert schon.

Marcus: Sie haben Recht, es dämmert. Die Zeit vergeht so schnell. Ja, meine Liebe, Sie werden nicht leugnen, dass ich mir Mühe gebe, sagen wir, mich öffnen will.

Chefsekretärin: Sie sollten Ihre Augen und Ihr Herz öffnen. Sehnen Sie sich danach, sich zu verlieben?

Mit einer Geste murmelt sie vor sich hin: Schau mir in die Augen. Warte, ich werde es Dir zeigen!

Marcus, *nach fast unmerklichen Zögern, einsichtig und nachdenklich*: Ich wage nicht, daran zu denken.

Chefsekretärin: Die ideale Frau zu finden …

Marcus: … wie im Traum

Chefsekretärin:…und machen Platz für die Wirklichkeit.

Marcus: Ach, meine Liebe, lassen Sie uns nicht von der Wirklichkeit reden.

Chefsekretärin *mit aufrichtigem Interesse*: Warum nicht? Ich weiß, Sie hängen sehr an ihr.

Marcus: An meine Mutter? Nun, stellen Sie sich vor, ich habe keine Ahnung! Ich hänge an ihr, ja. Durch alle meine Fasern. Ihr Selbstmordversuch hat mich in den Wahnsinn getrieben.

Er wendet sich vom Publikum ab und sieht seine Chefsekretärin prüfend an: Und trotzdem frage ich mich, ob ich sie liebe. (*Düster*) Manchmal denke ich, bedaure ich, dass ihr Suizid nicht gelungen ist.

Er schüttelt den Kopf, wie um die schrecklichen Gedanken abzuschütteln, dann dreht er sich wieder in seinem Sessel und schaut die Sekretärin mit funkelnden Augen an: Gleichviel, ob ich sie hasse oder ob ich sie liebe, das wichtigste Ereignis im Leben eines Mannes wie mir, ist die Liebe zu seiner Mutter.

Die **Chefsekretärin** *lächelt sanft. Nach kurzem Schweigen*: Haben Sie sie daran gehindert?

Marcus: Ja.

Chefsekretärin: Leidet sie unter einer hysterischen Neurose?

Marcus: Ich fürchte ja. Ihre Neurose ist dabei, sich schlicht und einfach in eine unheilbare Psychose zu verwandeln.

Verwirrt mit dem Finger auf seinen Schädel zeigend: Aber was ist da drin verdreht; verschraubt, dass ich den Leuten nur schade?

Er wirkt hilflos, plötzlich entschlossen. Er sieht lange die Sekretärin an und sagt dann unvermittelt: Sie werden mir helfen.

Chefsekretärin: Wobei?

Marcus *ist inzwischen aufgestanden:* Kommen Sie!

Er zieht sie an der Hand und zeigt auf den Chefsessel: Setzen Sie sich da hin!

Nach einem Moment des Zögerns geht er wieder zu ihr vor den Schreibtisch.

Marcus: Es ist besser, dass ich Ihnen mehr von mir und meinem Leben erzähle.

Die **Chefsekretärin** *zögert in seiner Nähe, fühlt sich etwas eingeengt:* Sprechen Sie sich ruhig aus. Es ist besser, wenn Sie sich wieder in Ihren Sessel setzen.

Marcus *hat sich achselzuckend und widerwillig hingesetzt. Er spricht mit geschlossenen Augen:* Gelegentlich schlenderte ich nachts durch Berlin, um Scharen schweigender, halbnackter, halberfrorener Mädchen zu beobachten, die unter Lichtkegeln gelblicher Laternen ihre Körper zum Kauf anboten.

Er reißt plötzlich die Augen auf: Dann hastete ich nach Hause zurück zur Mutter, mit niedergeschlagenen Augen, bebend vor unterdrücktem Verlangen und der allzu realen Furcht vor HIV – AIDS. So nahm mein Leben eine bestimmte Richtung. Meine Mutter hatte mich zu einem Lamm gemacht, reif geschlachtet zu werden; meine Tante steuerte das Messer bei.

Die **Chefsekretärin**: Was wollen Sie damit sagen?

Marcus *sieht sie mit Neugierde an:* Ursache und Wirkung, meine Liebe! Ich bin verklemmt und verkorkst mit verbrannter Seele. Das ist der Preis für eine reiche, verwöhnte und >behütete< Kindheit. Es gibt Familien, die wie Abgründe sind und andere sind wie die Hölle, und wieder andere sind so patriarchalisch genau inszeniert, so pietätbewusst, dass sie jeden gefangen nehmen, den sie lieben.

Die **Chefsekretärin** *schüttelt den Kopf, ohne Marcus aus den Augen zu lassen:* Ich fange an zu verstehen.

Marcus: Mich zu verstehen? Niemals. Einsam, gefangen. Nicht ein Hauch von Zärtlichkeit. Verkauft wie ein Hund dem, der ihn lieben mag. Welche Zerrissenheit, welches Drama einander widersprechender Wünsche in ausgetrockneter Seele.

Er lehnt sich wieder in seinen Sessel zurück und erzählt weiter: Ich stamme aus einer Familie aus dem Norden, einer Familie mit solidem Vermögen, Adel von echtem Geschlecht, Schrot und Korn. Mein Vater war ein Deutschnationaler, Mitglied der NSDAP und Träger des Eisernen Kreuz, ausgehändigt vom Führer persönlich. Fotografien zeigten einen großen stattlichen Mann mit kastanienbraunem Haar und blauen Augen von zugleich hartem und kaltem Ausdruck, aber unzufriedenem Blick mit allen seinen Auszeichnungen. Ich starrte immer wieder auf die vage Erinnerungsbank seines Gesichts, aber es strahlte nichts aus. Das ganze Haus ein >Herrenhaus mit Tradition<. Hohe Decken mit Ornamenten und Facetten geschmückt. Kristalllüster, die selten leuchteten. Die Wände voll mit ausgestopften Köpfen von Wild mit mächtigen Geweihen, die bei einem mehr Schrecken als wilde Romantik weckten. Im Schlafzimmer meiner Eltern hing die Allegorie des Frühlings, ein überdimensionales Gemälde Botticellis. Perfekt kopiert, versetzte es mich immer wieder in meine Fantasiewelt.

Im Hintergrund wird das Gemälde projeziert.

Marcus *dreht sich, betrachtet fasziniert das Gemälde:* Das hat allen meinen Sehnsüchten Gestalt gegeben. Im Mittelpunkt ist die Venus dargestellt, jedoch nicht als Verkörperung sinnlicher Liebe, sondern als Sinnbild der Humanitas in kosmischer Bedeutung.

Marcus *leidenschaftlich*: Liebe als Ursprung aller Dinge.

Er blickt zurück zur Chefsekretärin: Was für eine zauberhafte Szene, finden Sie nicht, meine Liebe?

Die **Chefsekretärin** *sehr interessiert*: Es ist wirklich eine ausnehmend schöne Szene, Herr Direktor. Die Atmosphäre ist so … so …

Marcus *wirft ein*: … himmlisch?

Die **Chefsekretärin** *dankbar*: Ja, so leidenschaftlich, dass jeder in der nächsten Umgebung kosmische Impulse zu empfangen scheint. Finden Sie nicht, Herr Direktor?

Marcus: O, doch, doch. Liebe als Ursprung aller Dinge. Der über der Venus schwebende Eros stellt dagegen das sinnliche Element der Liebe dar.

Marcus räuspert sich ein paar Mal. Die aufmerksame Chefsekretärin springt auf und holt ein Glas Wasser.

Marcus *fährt fort*: Wieder einmal die sexuellen Fantasien in mir. *Er lenkt das Gespräch auf das Bild*: Der schöpferische Augenblick der Wiedergeburt der Natur findet seinen Ausdruck in drei tanzenden Grazien neben Merkur. Schauen Sie sich an! (*bittet er seine Mitarbeiterin um mehr Aufmerksamkeit*) Die Verbindung Ihrer Hände mag den ewigen Kreislauf der Natur symbolisieren, aber in mir transformiert sie ein Hitzegefühl und Herzjagen. Das sind Botticellis erotische Signale. Ganz rechts ist Zephyr, der Gott des sanften Westwindes, zu sehen, der mit seinem Leben spendenden Atem die Nymphe Flora vor ihm in den Frühling verwandelt, und mir zu verstehen gibt, dass ich ein Mann mit verkorkster Seele bin! Niemand versteht die Geschichte meiner Seele, niemand den ungeheuren Ehrgeiz, der allen meinen Bescheidungen zum Trotz in mir glüht.

Schweigen. Keiner weiß, wie es weiter geht. Marcus überlegt einen Augenblick und die Chefsekretärin stellt wieder ein Glas Wasser vor ihn.

Marcus: Bald wird es niemanden mehr geben, mit dem ich sprechen kann, außer mit Ihnen.

Er ist überaus traurig: Wie soll ich mir die richtige Gesellschaft suchen? Vermutlich wird es zum Irrsinn führen. Wie es bei meiner Mutter hingeführt hat.

Kurzes Schweigen.

Marcus *sagt plötzlich laut, als ob er eine Lösung gefunden hätte:* Wir werden ein Buch schreiben.

Die **Chefsekretärin** *blickt ihn verwundert an:* Und wovon soll es handeln?

Marcus: Von den Ursachen der Frustration; von der Fortdauer der Verzweiflung, der Widerspenstigkeit unseres Verhaltens, der unerforschten Leidenschaften, die verkommen und ohne Resonanz uns zum Wahnsinn treiben, uns bis ins Grab begleiten.

Er steht auf und spricht das Publikum an: Liebe Leute, die ihr auf Erfolg und Karriere aus seid, ich habe einen Tipp für euch. Nicht für alle, hauptsächlich für die kleinere Gruppe notorischer Senkrechtstarter, jene mit eisgekühltem Blut in den Adern und die kleine Sorte von Typen, die geldgierig, machtsüchtig über Leichen gehen, die in den obersten Etagen der Konzerne und Banken in jeder größeren Stadt zu finden sind. Ich bin einer von euch.

Mit dem Anflug eines Lächelns: Kennt ihr den Versuch mit dem Frosch?

Er wendet sich wieder an das Publikum, dann blickt er seine Sekretärin an: Nein?

Er wendet sich von der Chefsekretärin ab und blickt wieder das Publikum an.

Plötzlich schlau: Man lässt den Frosch in heißes Wasser, er springt sofort heraus. Lässt man ihn aber in kaltes Wasser, bleibt er darin sitzen. Erhitzt man ganz langsam das Wasser, der Frosch bleibt drin bis er tot ist.

Marcus *wieder sorgenvoll:* Ihr, die Business-Jongleure mit dem Januskopf, ihr seid alle Frösche. Ihr spürt die Hitze eures Lebens nicht! Ich auch nicht, denn ich bin einer von euch.

Nach kurzem Nachdenken: Oft habe ich beobachtet, wie hübsche Sekretärinnen, Playgirls, Künstler, Schönheiten und Sänger auf Partys sich Mühe geben, euch von euch selbst abzulenken. Ich weiß, wie schwierig, fast unmöglich das ist. Bei dem Versuch, euch abzulenken, dass ihr euch gehen lasst, irgendetwas anderes zu bewundern als euch selbst, eure eigene Genialität, scheitern die schönen Frauen und gehen scharenweise zum Psychoanalytiker.

Die **Chefsekretärin** *zum Publikum:* Hört nur gut zu, ihr kleinen Frösche und Amseln, und lernt was! Dieser Herr sagt sehr gescheite Dinge!

Marcus *fährt unbeirrt, pathetisch fort:* Ein Schimmer engelhafter Schönheit, satanischen Glanzes umspielt auch diese verlorenen Gestalten, in der der Satan den Engel übermächtig, wie denn eine gewisse Art von Schönheit dem Bösen, auch dem abgefallenen Geiste, eigen ist. Gleich der Erscheinung der Verführerin, die nur in Masken Gestalt wird, aber in Masken, die sich nicht halten lassen, ist auch ihre Liebe pervertiert. Also in den Armen von solchen Frauen das Glück suchen, gleicht, den Teufel um einen sanften Tod zu bitten!

Die **Chefsekretärin**: Nun übertreibt nicht, Herr Direktor.

Marcus *rücksichtsvoll*: Dann geben Sie mir einige Tipps. Ich meine ein paar Stichworte …

Chefsekretärin: Aber sehr gern. Gehen Sie mit mir aus.

Marcus: Da wäre ich Ihnen überaus dankbar. Wie gerne würde ich Ihrem Angebot folgen, um mich selbst einmal wieder so recht mit dem Wesen der Frau auseinander zu setzen. Aber Sie wissen doch, man hat so wenig Zeit, sich …

Chefsekretärin: Ich weiß, Sie leben in einer andauernden Hetze.

Marcus: Man kommt gar nicht mehr dazu, sich mit dem eigentlichen Leben zu befassen. Immer mit Routine – ein Symptom. Aber seien Sie ohne Sorge. Ich werde die Einsamkeit besiegen.

Er fröstelt ein wenig, dann sagt er düster: Er war auch sehr einsam, als er mit Zarathustra sprach.

Chefsekretärin *spöttisch*: Wollen Sie mir vom Frauenhasser erzählen, Herr Direktor?

Marcus: Eben! Friedrich Nietzsche wusste gut Bescheid worüber er sprach!

Er blickt zum Publikum:
O Einsamkeit! Du meine Heimat Einsamkeit!
Zu lange lebte ich wild in wilder Fremde,
als dass ich nicht mit Tränen zu dir heimkehrte!
Nun drohe mir nur mit dem Finger, wie Mütter
drohen,
nun lächle mir zu, wie Mütter lächeln,
nun sprecht nur: Und wer war das,
der wie ein Sturmwind einst von mir davon stürm-
te? …
O, Zarathustra, alles weiß ich: und dass du unter
den vielen
Verlassenen warst, du Einer, als je bei mir!
Ein anderes ist Verlassenheit, ein anderes Einsam-
keit:
Das lernst Du nun!
Und dass Du unter Menschen immer wild und
fremd sein wirst:
wild und fremd auch noch, wenn sie Dich lieben:
denn zuerst
von allen wollen sie geschont sein!
…
O Einsamkeit! Du meine Heimat Einsamkeit!
Wie selig und zärtlich redet deine Stimme zu mir!
Wir fragen einander nicht, wie klagen einander
nicht,
wir gehen offen miteinander durch die Hölle.
…
Seid ihr Weiber,
dass ihr an dem, was ihr liebt,
leiden wollt?

Sie lieben, ach! Und werden nicht geliebt,
sie zerfleischen sich selber,
weil niemand sie umarmen will.
…“

Marcus trinkt das Wasser aus. Die Chefsekretärin springt auf und holt ein neues Glas.

Marcus: Gott sei dank, gibt es das noch *(Das Wasser)*.

Chefsekretärin: Abends, wenn ich alleine bin, trinke ich meinen Rotwein. Was soll ich sonst trinken? Ich habe mein Leben lang Rotwein getrunken. Nur so bin ich mit allem noch einigermaßen fertig geworden. Hier brauche ich mit nichts fertig zu werden, außer mit manchen bösen Geistern.

Marcus: Bin ich einer von ihnen?

Auf dem Gesicht der Chefsekretärin liest man schon die Bedeutung dessen, was nun eintritt.

Chefsekretärin: Nein, Herr Direktor.

Marcus: Warum nicht?

Chefsekretärin *plötzlich wie versteinert und bleich, versucht zu lachen*: In welches Labyrinth bin ich verschlungen? Er sieht nicht! Er sieht mich nicht! Er sieht niemanden. Er fühlt nicht! Er fühlt mich nicht! Er fühlt nichts. Wie kann so ein Mensch lieben? O, Liebe! Löse du den bangen Streit!

Marcus *murmelt niedergeschlagen, nach einem drückenden Schweigen:* Ich sehe, Sie scherzen tatsächlich nicht. Tun Sie es nicht, meine Liebe!

Chefsekretärin *steht regungslos da, leise und ernst:* Wenn ich …

Marcus: O Wenn! Sie tastet nach meinem Glück? Lass mich! Lass mich! Ich bin zu kalt für dich. Rühre mich nicht an! Du wirst erfrieren! Die Einsamkeit verdirbt! Die Einsamkeit pflanzt nicht, sie reift…

Chefsekretärin *ermutigt:* Und dazu muss die Einsamkeit doch die Sonne zur Freundin haben …

Marcus *warnend:* Du Weinstock! Was preisest du mich? Ich schnitt dich doch! Ich bin grausam, du blutest – was will dein Lob meiner trunkenen Grausamkeit?

Chefsekretärin *sehnsüchtig:* Ich will erben, so spricht alles, was leidet, ich will Kinder, ich will nicht mich.

Marcus *sieht sie an und fragt:* Fehlt Ihnen etwas?

Chefsekretärin: Wieso?

Marcus: Dass Sie auf einmal den guten Nietzsche, den Frauenhasser zu Hilfe rufen.

Die **Chefsekretärin** *fühlt sich ertappt*: Wo er weise spricht, spricht er aus meinem Herzen.

Marcus *wird plötzlich von einem Lachanfall geschüttelt. Unter den Blicken der empörten Sekretärin fällt er, nach Atem ringend, in den Sessel und lacht und lacht*: Ah, Ah, Ah … ist das komisch! Es ist wirklich zu komisch!

Die **Chefsekretärin** *kalt, ehe sie sich verabschiedet*: Bald werden Sie weniger lachen, Herr Direktor. Wenn ich weg bin, und keiner da ist, der Sie zum Lachen bringt, der Sie vor Katastrophen bewahrt …

Marcus, jetzt allein, hört zu lachen auf. Plötzlich läuft er eilig hinaus.

Musik: Von den Freuden und Leidenschaften / Richard Strauss.

Vorhang

Zweiter Akt

Gedämpftes Licht. Der Vorhang öffnet sich. Auf der Büh-
ne sitzt Marcus am Schreibtisch vor seinem Computer.

Marcus: Endlich allein, endlich Ruhe vor anderen,
aber nicht vor mir selbst.

Musik: Im Hintergrund erklingt Romanze für
Violine und Orchester in F-Dur / Ludwig van
Beethoven.

Das Telefon klingelt.

Marcus: Auch hier, im stillen Raum, wird meine
böse Abendstunde kommen. Vor allen Schrecknis-
sen kann ich fliehen, bin ich geflohen, aber meine
böse Stunde holt mich ein, überall.

Das Telefon klingelt.

Marcus: Um diese Zeit!

Das Telefon klingelt.

Marcus: Wahrscheinlich die falsche Nummer.

Er hebt nicht ab.

Marcus: Lasst mich in Ruhe. Überall dieses Grauen, wenn der späte Nachmittag sich zum dämmernden Abend verwandelt, überall das gleiche, drinnen und draußen, überall sind die Menschen auf der Suche nach ihrem >Glück<.

Marcus *mit versteinertem Gesicht und gedämpftem Ton. Nach einer Pause*: Ich hatte meine Religion gefunden; nichts erschien mir wichtiger als mein Erfolg. Die Karriere sah ich als Sinn des Lebens. Als Sohn eines >Edelmannes< lebe ich nun auf dem Dach der Welt, dachte ich jedenfalls. Hier im obersten Stock sitze ich auf dem höchsten Sessel des Imperiums: Generaldirektor, wie es klingt, hört sich beängstigend an und Aufsichtsratsvorsitzender riecht nach Macht und Korruption. Ich betrete jeden Morgen die Schaltzentrale meines Machtzentrums und werfe von oben herab, überlegen, nicht überheblich, einen Blick auf die Mitarbeiter. Dann grüße ich über den Tisch meine Chefsekretärin, die so alt oder so jung ist wie ich, die blonde oder brünette Locken hat.

Auf Marcus' Gesicht liest man die Gleichgültigkeit, was Haarfarbe und Form betrifft.

Marcus: Wenn es klingelt und meine Mutter spricht – also täglich – gewähre ich den Niederungen meine Hüllen, aber meine verklärte Seele verlässt ihren festen Platz in meinem Leib nicht. Ich glaube, sie ist und bleibt meine ewige Begleiterin.

Dann vertraulich: Jeder Mensch hat einen Standort im Leben; über die Höhe entscheiden weder Fleiß noch bestimmte Werte, darüber bestimmt der Ehrgeiz, der von der Mutter in die Wiege gelegt wird. Mein Standort ist hier in Berlin mit Aussicht auf die Dächer. Lange Zeit wurde mir in niederen Etagen das Atmen schwer, die Routine und das Bürgerliche bedrückten mich. Ich schleppte meine Seele auf den Planeten Jupiter, die Schwere presste mich wieder zu Boden; mir genügte dann dieser Raum, um wieder >fröhlich< zu sein. In diesem Raum, in meinem Imperium, atme ich die dünne Luft und diskrete Welt des Internets, wo das Universum sich vor meinen Füssen ausbreitet und mich auf meinen Fluchtweg, Leben in der zweiten Dimension lenkt. Alles war und ist bis heute mein Mysterium. Heute will ich ausreißen, fliehen, weit weg von meinem Mysterium.

Marcus *reibt sich die Hände warm, betrachtet seinen Computer. Glücklich und zuversichtlich sieht er sich um und sagt wie beim Aufbruch zu einer weiten Reise:* Entschuldigt, aber es hat mir noch nie etwas so viel Spaß gemacht wie heute. Ich glaube nicht, dass das Leben so trostlos ist. Eine spirituelle Welt, in die ich mich versenke, die meine Seele aus der Gefangenschaft befreit, die einen Wandel veranlasst, ist eine rein meditative, aber für jeden zugänglich ohne Ausnahme. >Egogoogel< ist meine Freude, der Neuweg, die selbstvergewissernde Suche nach sich selbst.

Musik: Largo aus Xerxes / Händel.

Marcus: Im Namen des Erfolges des Geistes, des Erfolges des mächtigen Managers und des Erfolges des phantasiereichen Geistes, Amen.

Geheimnisvoll: Ich tauche in die Unterwelt, die Welt der schönen Phantasien - I need a change.

Er steht auf und läuft aufgeregt hin und her.

Marcus: Eine Handlung, die ich phantasiere, die ich mir seit langem verberge. Unruhig und am ganzen Körper verspannt, sehnt er sich nach Abwechslung. Heute, am 28. März 2009, hat sich ein grauer, regnerischer Tag in einen düsteren Abend verwandelt. Für mich ist es ein Tag wie jeder andere. Eben, wie jeder andere – öde.

Marcus wird von der Angst des Alleinseins heimgesucht. Er setzt sich wieder hin, lehnt sich in seinem Sessel zurück, seufzt ein paar mal, schließt die Augen, löst seine Hände, die verkrampft einen Halt suchen und zwingt seinen Körper sich zu entspannen. Nach einer Weile.

Marcus: Na also, Du bist vollkommen ruhig, hast alles unter Kontrolle.

Musik: Konzert für Harfe und Flöte / KV 299 / Wolfgang Amadeus Mozart.

Marcus: Wieder dieses Gefühl, wieder diese Unruhe.

Plötzlich heftig. Ganz hinten in meiner Kehle rast immer noch der Puls und das rauhe Geräusch hastig, unregelmäßigen Atems rasselt mir immer noch in den Ohren.

Dann mit dumpfer Stimme: Warnsymptom Burn-out-Syndrom? Nein, ruhig Blut! Du projezierst manche Krankheiten auf dich, die es nicht gibt!

Die engste Mitarbeiterin verabschiedet sich von ihm.

Chefsekretärin: Schönes Wochenende, Herr Direktor…!

Lichtwechsel, weißer Hintergrund gerade noch sichtbar.

Marcus dreht sich im Sessel und schiebt einen USB-Stick in den Kommunikationsanschluß des Computers. Er lächelt mit einer zarten Geste.

Marcus: So, nun will ich mal sehen, ob es diesmal funktioniert.

Er blickt auf die Tastatur und beginnt in dem Programm >Zweite Dimension – Second Life< zu suchen, >Twittern<. Auf dem Monitor erscheinen leuchtend bunte Buchstaben. Er hört eine sanfte Stimme.

Stimme: System startbereit.

Marcus atmet ein paar Mal tief ein und aus, dann hebt er die rechte Hand mit gestrecktem Daumen hoch, während er sich mit der linken Hand den Stöpsel des Kommunikationsgerätes ins Ohr steckt. In diesem Moment fragt er sich

Marcus: Sag mal, weißt du eigentlich, was du hier machst?

Für einen winzigen Moment scheint er verunsichert. Er überwindet aber rasch die Unsicherheit seiner Emotionen und mit bewegtem Interesse starrt er wieder zum Monitor und >joutubt< weiter. Nur seine aufgerissenen Augen mit den weiten Pupillen zittern noch tief in ihren dunklen Höhlen.

Marcus *motiviert sich*: Keine Angst, Junge! Mach, mach, dass du weg kommst.

Eine monotone **Stimme** *aus dem Internet*: Vergiss das Armband nicht, womit wir deine Vitalfunktionen überwachen. Nur zu deiner Sicherheit.

Marcus nimmt das Überwachungsband und setzt es an sein linkes Handgelenk.

Marcus *knapp*: So, jetzt kann es losgehen.

Er hört in seinem Kopfhörer: Nun, genieße deine Reise in die unendliche und unvergleichbare Freiheit.

Musik: Pastorale, 1. Satz, Erwachen heiterer Empfindungen ... Allegro ma non troppo / Symphonie Nr. 6 F-Dur, Op. 68, Ludwig van Beethoven.

Während die Musik langsam abschwillt, spricht er halblaut, ohne sich vom Computer abzuwenden.

Marcus: Ich habe keinen Grund, so nervös zu sein.

Er ist nervös.

Marcus: Jetzt bin ich vollkommen ruhig ... oder etwa nicht? Mal sehen.

Er blickt auf den Monitor und liest seine biomedizinischen Daten.

Marcus: Herzfrequenz 130/min, Blutdruck 180/100 mmHg, Atemfrequenz 60, Körpertemperatur 38° Celsius, Gas-Check: O^2 und Co^2 normal.

Dann erstaunt: Der Puls ist zu hoch, auch die Atemfrequenz ist nicht normal. Kein Wunder, dass die Körpertemperatur ansteigt!

Stimme: Ganz ruhig, Marcus, du hast es geschafft. Du hast gleich alle Obsessionen hinter dir. Du bist schon unterwegs zu deinem Glück. (*Er wiederholt laut vor sich hin, was er hört*).

Er hört die beruhigende **Stimme** *in seinem Kopfhörer.* Versuch dich ein wenig zu beherrschen. Mal sehen, wie weit du sie runter bekommst. Keine Anstrengung, nur die Ruhe bewahren.

Marcus mit ernster, unruhiger Miene, als ob er der Stimme zustimmt, sein Blick weicht nicht vom Monitor, versucht er sich suggestiv zu beeinflussen.

Marcus: Alle anderen Funktionen werden sich normalisieren, wenn nur die Herzfrequenz runtergeht.

Mit dem rasenden Tempo einer Rakete wird er in einen zeitlosen Raum geschleudert.

Musik: Pastorale, 4. Satz, Gewittersturm, Allegro, Symphonie Nr. 6 F-Dur, Op. 68 / Ludwig van Beethoven.

Die Lichter der Großstadt Berlin funkeln von der Höhe wie Sterne – Video-Installation im Hintergrund der Bühne.

Marcus *denkt laut*: Bin ich schon im Himmel?

Monitorstimme: Noch nicht, aber wer diese Musik hört, erlebt die Ewigkeit des Himmels.

Marcus ist überrascht, dass auch seine Gedanken kontrolliert werden.

Monitorstimme: Nur für deine Sicherheit werden alle Körperfunktionen überwacht. Das erreichen wir dann, wenn wir das Gehirn unter Dauerkontrolle haben.

Marcus *zählt unwillkürlich vor sich hin, fast fünf Sekunden lang.* 21, 22, 23, 24, 25.
Er schießt nun wie in einem Schleudersitz senkrecht nach unten. Sein Magen zieht sich zusammen. Die Spannung spiegelt sich in seinem Gesicht wider. Der Schleudersitz sinkt herab, richtet sich dann wieder auf und reagiert auf die im Kopf geformten Steuerkommandos. Mensch und Maschine kommen schlitternd zum Stehen.

Video-Installation im Hintergrund der Bühne.

Zitternd und konfus sitzt Marcus im diffusen Licht und starrt auf den Monitor und liest laut ab.

Marcus: Herzfrequenz 180, Blutdruck 190/110 mmHg, Atemfrequenz 70, Körpertemperatur 39°C, Gas-Check: O_2, Co_2 noch normal.

Es vergehen einige Sekunden.

Marcus *liest wieder seine Daten*: Herzfrequenz 80, Blutdruck 130/80, Atemfrequenz 58, Körpertemperatur 38°, O_2, Co_2 normal, Adrenalin erhöht, Katecholamine erhöht, Blutzucker 70 mg%. Kein Wunder! Kein Wunder, fast wäre ich samt Schleudersitz in die Kuppel vom Reichstag geprallt. Ganz ruhig, jetzt scheint das Schlimmste vorbei zu sein. Ich spüre, dass meine Nerven mich nicht im Stich lassen.

Nach einigen Sekunden befreit er sich von seinem Sitz.

Marcus: Keine leichte Sache.

Er geht bedächtig einige Schritte, dann dreht er sich. Plötzlich steht er vor einer Wand aus offener, schwarzer Leere, die alles überragt.

Marcus *mit versteinertem Gesicht, nach einer Pause*: Was soll ich hier? Wo bin ich? Was suche ich eigentlich hier?

Die **Stimme im Kopfhörer**: Nach deinem Glück. Du bist in deiner Phantasiewelt! Blicke nicht zurück! Schau nach vorne!

Dann steht er vor einer großen Glasmauer in diffusem Licht: Schaufenster, Vitrinen mit Monumenten und Figuren, mit Blumen, Bildern und schönen Frauen dekoriert. Viele Menschen gehen lautlos ein und aus. Ein Einkaufszentrum!?

Marcus, *verwirrt, versucht zu lachen*: Das ist ein Scherz, oder?

Er steht vor dem >Einkaufszentrum<.

Marcus: Ah, mein Gott, ein herrlicher Witz!
Er beginnt zu lachen: Ich hätte einen prächtigen Schauspieler abgegeben!

Eine sanfte **Frauenstimme** *aus dem Hintergrund*: Herzlich Willkommen! Komm' nur rein und suche nach deinem Glück! Sei wählerisch, die Auswahl ist groß.

Marcus sieht viele bekannte VIPs, die ein- und ausgehen, aber ihn nicht beachten. Jeder schiebt einen Einkaufswagen vor sich her. Keiner spricht mit dem Anderen.

Marcus: Was suchen diese Leute denn?

Die **Stimme aus dem Hintergrund**: Na, was du auch suchst >die wahre Liebe, die Traumfrau<! Vergiss deinen Einkaufswagen nicht.

Marcus *plötzlich schlau*: Ja, ja, wir Menschen wollen alle hoch hinaus, wenigstens so weit wie möglich in unserer Phantasiewelt. Wir stecken unsere Ziele zu weit, anstatt etwas bescheidener zu denken, zu leben, zu sein.

Die **Stimme aus dem Hintergrund**: Sie sind ja ein echter Philosoph.

Marcus: Na ja, man macht sich schon über so manches seine Gedanken. Machen Sie sich nie Gedanken?

Die **Stimme**: Ich? Nein! Warum?

Marcus: Nun, ich dachte nur. Hat Ihr Beruf denn eine Zukunft?

Die **Stimme**: Ich kann mich nicht beklagen. Bedenken Sie, welche Berufe stehen heute einer Frau offen. In den letzten Jahren hat die Emanzipation um sich gegriffen, so weit, dass eine sogar Kanzlerin ist. Sind Sie Politiker?

Marcus *lächelt*: Ehrlich gesagt, nein. Obwohl ich im Moment wünschte, es zu sein.

Die **Stimme**: Warum das, um Gotteswillen?

Marcus: Um das Volk von dieser fuchsigen und machtsüchtigen Frau zu befreien!

Die **Stimme**: Und ich dachte, Sie lieben Frauen!

Marcus: Aber nicht so eine! … Ich finde Ihre Stimme überaus reizend. Arbeiten Sie in einem Call-Center?

Die **Stimme**: Nein. Ich bin Chefsekretärin.

Marcus *hängt seinen Gedanken nach*: Seltsam, diese Stimme …

Eine Geste des Nachdenkens. Er stößt mit seinem Ein-kaufswagen an die Glaswand.

Die **Stimme** *sanft*: Nicht so hastig, junger Mann. Bitte geben Sie erst Ihr Codewort ein!

Marcus: Verdammt, ich erinnere mich nicht! ... Wie war das doch? Der, der gerade so selbstbewusst und zielstrebig daherkommt, muss es doch wissen.

Mit einem Satz ist er neben einem ihm bekannten Manager, der mit seinem Wagen vorbei kommt.

Marcus *erregt*: Hallo! Hallo! Hey, Hey!

Keine Reaktion.

Marcus *verbeugt sich, zieht an seiner Krawatte und schreit*: Hallo! Hallo! Hey, Hey!

Keine Reaktion.

Der Taubstumme erreicht die Glaswand. Sie bewegt sich nach oben und er verschwindet, so schnell, wie er gekommen war.

Aus dem kleinen Sprechfenster ertönt wieder die **Stimme**: Wie heißt das Codewort für Ihren Einkauf?
Die Stimme wird sanftmütiger und wiederholt immer wieder die Frage.

Marcus *fröstelt ein wenig, dann sagt er düster*: Ich weiß
es nicht! Verdammt lassen Sie mich doch – Bitte!

Stimme: Das Codewort! Das Codewort, mein
Lieber! Das Codewort …!

Marcus *konfus*: Lassen Sie mich … Lassen Sie …
Plötzlich ist er unruhig und wechselt seinen Tonfall: Muss
ich aufgeben?

Stimme: Nein, auf gar keinen Fall, mein Lieber.
Wir haben unsere Vorschriften, denken Sie nach
… Denken Sie an den mediumistischen Geist,
womit Sie alle Barrieren überwinden und sich ok-
kulte Vorgänge als Einwirkungen von Geistern
erklären.

Marcus: Ah, die Stimme kenne ich doch, sie ist
mir so vertraut!

Plötzlich schlau aber unsicher: Es lautet Spiritus sanc-
tus, murmelt er vor sich hin.
Er lächelt und schreit: Das Codewort lautet Spiritus
sanctus – Spiritus sanctus!

Die sanfte **Stimme**: Dein limbischer Cortex scheint
noch zu funktionieren. Vielen Dank, Marcus.

Marcus *hört voller Freude*: Was haben Sie doch für
eine herzhafte Stimme!

Mit unbeschwerter Geste singt **Marcus**: Spiritus sanctus … Spiritus sanctus … Spiritus sanctus …

Die Glaswand ist nun ganz oben. Er kann ungehindert eintreten.

Musik: Pastorale, 5. Satz / Frohe und dankbare Gefühle / Ludwig van Beethoven.

Eine **monotone Roboterstimme**: Willkommen in der Stratosphäre der Begierden. Willkommen in der grenzenlosen spirituellen Welt.

Marcus tritt vorsichtig mit seinem Einkaufswagen in den unendlich hellen Raum ein.

Video-Installation von einer luxuriösen Einkaufspassage im Hintergrund.

Marcus *verblüfft, mit einer Geste*: Wie komme ich zu diesem Gerät?

Er zeigt auf den Einkaufswagen und lacht.

Roboterstimme: Spiritus sanctus, Marcus! Demnächst nicht mehr fragen: Wieso? Weshalb? Warum?

Marcus: Alles unverbindlich! Alles zweckmäßig.

Roboterstimme: Fang nicht an zu philosophieren, Marcus! Mach mit, es wird dir Spaß machen.

Marcus *beobachtet die Menschen, die wie Roboter herumlaufen. Er ist etwas enttäuscht*: Sie reden nicht miteinander. Sie schauen sich nicht einmal an. Sie nehmen die Anwesenheit des Anderen nicht einmal wahr!

Marcus, *in dessen Blick eine Erinnerung auftaucht, fährt mit ruhiger Stimme fort*: Sartre hat eindeutig die Sozialisation der Menschen für die Individualität und Selbstfindung gesehen. Jeder muss sich doch fragen, wer er ist. Jeder besitzt >das Geheimnis, wer ich bin<.

Marcus *nachdenklich*: Darum bedarf ich der Anderen. Sie bieten mir die objektive Seite meines Selbst dar, eine Objektivität, die mich demütigt, die die Grenze meiner Freiheit bedeutet und die ich zugleich nicht zurückweisen kann, weil ich sie bin. Die Objektivität!

Die **Roboterstimme**: Schön, schön, Sartre versuchte eine Moral zu begründen, die sich auf nichts stützt als auf seine Verantwortung für das >Bild des Menschen<. Aber Marcus, der Humanismus ist nur eine Illusion, eine Ideologie – von diesem seinem Credo her ging er aus. Was der Mensch ist, diese Frage vermag ich als Metaphysiker nicht zu beantworten.

Marcus *überrascht*: Kann ein Roboter denken? Ich hätte Dich nur für eine Maschine gehalten.

Roboter: Zufall, Zufall, Marcus! Mit Deiner Objektivität kommst Du hier nicht weit. Ich bin ein Roboter aus menschlicher Hand. Das ist ein ziemlich auffallendes Etikett auf meiner Stirn. Die Ehre Gottes und die irdische Vernunft haben bei mir nichts zu suchen. Ich gebe nur das wieder, was man mir implantiert hat!

Marcus *lacht*: Zuweilen fällt doch auf, welche große Sehnsucht in allen diesen Seelen von heute nach Liebe schreien und was für wunderliche Wege sie herführen.

Der Roboter zeigt keine Reaktion.

Marcus *beobachtet aufmerksam die Menschen*: Sie irren alle wie Roboter, stumpfsinnig und leer. Gott was wird aus uns?

Roboter: An Gott glauben gilt als dumm, altmodisch und rückständig, aber wie wäre es mit Spiritualität? Auswandern in die metaphysische Welt. Am Besten an sich selbst glauben! Höre mich an: Ich bin die Krone deines Schöpfungsgeistes. Der Mensch ist aus allen Zwängen herausgelöst. Für Nietzsche gilt die übersinnliche Welt als >abgeschafft< und ein transzendenter Gott als tot.

Marcus *sichtlich beeindruckt, fragt ein wenig kleinlaut*: Und wer war Zarathustra?

Roboterstimme: Zarathustra ist für Nietzsche das Zukunftsevangelium: Aufwärts geht unser Weg, von der Art hinüber zur Über-Art. Zarathustra gibt Nietzsche zu erkennen, dass was er ist, nicht leicht in einen Begriff zu bringen ist ...

Marcus: Und woran liegt das?

Roboter *prompt*: Das liegt eben daran, dass er am Anfang einer Zukunft steht, die er erst anbrechen lässt, indem er aus einer andersartigen Gesellschaft herkommend, selbst in eine neue visionäre aufbricht. Er ist wie du, Marcus, nach eigenem Zeugnis ein Seher, ein Wollender, ein Suchender, aber auch Schaffender, eine Zukunft, seine Zukunft selbst und eine Brücke zur Zukunft ... Hier befindest du dich auf der Brücke zu deiner Zukunft. Du wirst ein Erfüllter sein, indem du deine Zukunft selbst durch den freien Geist erschaffst. Dein Leben ist deine individuelle Macht ... Deine Zukunft ist spirituell.

Marcus blickt in die Umgebung und sucht den Roboterphilosophen.

Marcus: Ich suche nicht nach Macht! Ich bin auf der Suche nach der wahren Liebe!

Roboter: Aber was ist die wahre Liebe?

Marcus: Sie ist für mich und meine Seele die irdische Befreiung von allen Zwängen und Vergöttlichung der irdischen und einzigen Welt.

Roboter: Marcus, sei vorsichtig! Die Liebe befreit nicht, sie ist von Natur aus autoritär, Besitz ergreifend, einnehmend und auf die Herrschaft gerichtet.

Marcus *mit einer Geste*: Haben Sie eigene Erfahrungen? Quatsch, einem Roboter eine solche Frage zu stellen! Was soll man nun tun, wenn selbst die Liebe so giftig ist?

Roboter: Den Geist freihalten! Denn freier Geist misstraut jeder Art von Autorität, die zu Totalitarismus führt!

Marcus *verliert allmählich die Ruhe und das Gespräch wird schneller:* Und doch suchen so viele nach der Liebe!

Eine **sanfte Stimme**: Wer weiß, was sie suchen. Sie suchen nicht nach der >wahren< Liebe, sie suchen nach ihrem Schönheitsideal, wie der notorische Kunstliebhaber nach einem Gemälde: Klinger, Klimt, Picasso ..., das er in Besitz nehmen will.

Marcus *erstaunt*: Jetzt fangen Sie auch an zu philosophieren.

Er murmelt vor sich hin: Woher mir dieser verächtliche Ton kommt, weiß ich nicht. Er bricht wie eine reifende Schwere aus meiner Seele hervor, die ich lange Jahre nicht wieder loswerde. Immer nein sagen, wenn die Begierde ja sagt, enthaltsam wie ein Mönch, als ob Askese meine Religion wäre.

Die **sanfte Stimme**: Es ist keine Stunde depressiver Gedanken. Tritt ein Marcus, die Auswahl ist groß, du wirst sehen! … Wir werden sehen!

Marcus hört und geht ohne Widerrede weiter.

Musik: Klavierkonzert Nr. 21 / Wolfgang Amadeus Mozart 1. Satz

Video-Installation
Überall begegnet Marcus vergnügten jungen Frauen, einzeln oder in Gruppen, die ihn willkommen heißen. Jede von ihnen trägt ein elektronisches Namensschild mit persönlichen Daten an der Brust, das allein beim direkten Anblick audiovisuell aktiviert wird, und dem Interessenten alles über Körpermaße, Talent, Geschmack, Wünsche, Träume, Ausbildung und >Geisteswissen< der betrachteten Frau mitteilt. Er ist begeistert und überwältigt von soviel Glück, entzückt von dem Angebot.

Marcus: Es ist doch nicht schwer, endlich zu einem bisschen Glück zu gelangen.

Er blickt fasziniert um sich, seufzt und trägt pathetisch vor:
Zweie hab' ich, und mehr sind's nicht. Gibt's doch
in der allerkleinsten Schauspielertruppe stets zwei
Damen, eine Erste und die Zweite. Und da nichts
in diesem Leben so sehr Freude macht als Wech-
sel, ist die eine meiner Damen blond, indes brünett
die andere.

Die **sanfte Frauenstimme**: Sie sind Dichter! Oder
gar Schriftsteller?

Marcus *trocken*: Keines von beiden!

Die **sanfte Stimme** neugierig: Und die einfühlsa-
men Strophen?

Marcus: Sie sind Calderons Drama.

Die **sanfte Stimme**: Ach, wäre ich eine von bei-
den Calderons Auserwählten.

Marcus *seufzt*: Es muss herrlich sein, ein Dichter
zu sein.

Die **sanfte Stimme**: Die mannigfachen Erfahrun-
gen und Regungen der Seele in große Worte um-
setzen zu können!

Marcus *prosaisch*: Es überwältigt!

Die **sanfte Stimme**: … oder gar in Reime!

Marcus: Ja, das will natürlich gekonnt sein.

Die **sanfte Stimme** *geheimnisvoll*: Soll ich Ihnen etwas gestehen?

Marcus: Wenn Sie Lust haben.

Die **sanfte Stimme**: Ich dichte auch.

Marcus *nicht erstaunt*: Das kann ich mir denken.

Die **sanfte Stimme** *überrascht*: Warum? Hört man es in meiner Stimme?

Marcus: Durchaus, meine Dame. Die Stimme einer Frau kann so reizend sein, dass die ganze Dichtung der Romantik, allein durch die melodischen Höhen und Tiefen, inspirativ überwältigend, ohne inhaltliche Bedeutung der Worte, zu erkennen ist.

Die **sanfte Stimme** *enthusiastisch*: Doch Dichter?

Marcus: Ich bin Bankier.

Die **sanfte Stimme**: Ein Bankster also, das ist auch gut. Auf jeden Fall sind Sie geduldet. Seufzt. Sie müssen viel Einfluss haben.

Marcus: Auf was? Ich bin ein Banker, meinetwegen. Was ist ein Bankster?

Die **sanfte Stimme**: Auf die Politik. Ein Bankster ist ein Banker und Gangster zugleich.

Marcus *lacht*: Eine Politik ohne Einfluss des Kapitals gibt es nicht. Und umgekehrt.

Im Hintergrund ruft aufgeregt eine Frau einer anderen zu.

Eine Frau: Mach nur deine Augen auf und schau hin! Du bist noch neu bei uns, aber das, was du da siehst, siehst du nicht alle Tage! Das ist eine besondere Begegnung! Da kommt nämlich ein kapitalistischer Existenzialist!

Marcus hat diesen Wortwechsel nicht gehört. Er schaut enthusiastisch den schönen Frauen zu.

Marcus: Ich glaube, ich muss doch ernsthaft …

Die **sanfte Stimme** *aus dem Hintergrund*: Die Entscheidung liegt selbstverständlich bei Ihnen.

Marcus: Eine Frau, eine junge, schöne dynamische Frau darf trotzdem meine Freiheit nicht verschmälern! Ich ringe um den Sinn meines Lebens, meines ganzen Daseins. Sie soll dazu beitragen, dass das gemeinsame Dasein, also das menschliche Sein zu faktischer Alltäglichkeit unseres Lebenswillens wird.

Die **sanfte Stimme**: Sie philosophieren wieder!

Marcus: Ich beschäftige mich mit dem Sinn meines Lebens, meiner Existenz. Unsere Existenz wie Karl Jaspers es formuliert: >Existenz< ist die qualitativ höhere, erfülltere, wesentlichere Seinweise, die nicht faktisch gegeben, sondern bloß möglich und uns aufgegeben ist. Ich suche die Frau, die mit mir versucht, also wir gemeinsam zu erfahren, wie und auf welche Weise die Existenz zum Durchbruch kommt. Also Grenzsituationen erfahren, um sich der Existenz bewusst zu werden. Eine Frau, was ist mit ihrer Daseinsvorstellung, ihrer Daseinserfüllung, ihrer Existenz, ihrer Empfindung? Ihrer Empfindung der individuellen Freiheit? Wie denken wir über diese Freiheit – Mann wie Frau? Keiner will sie aufgeben. Sie ist frei, ebenso wie ich.

Er seufzt: Ah, wie einfach ist es manchmal, dass man Mensch ist, wenn man zu seiner Überraschung einer Frau begegnet... Sie ist jung, schön, attraktiv. Aber ich bin auch nicht übel, *murmelt er vor sich hin.* Noch jung, dynamisch, dynamisch in jeder Hinsicht, wohlhabend, erfolgreich und willig! Ja doch, ich bin willig.

Er lächelt. ... aber aller Eitelkeit, Abstinenz und Erhabenheit zum Trotz, ich bin ein Mensch, dazu noch ein Mann, ich gehe der Vollendung meines Glücks entgegen ...

Er überlegt nochmals, dann sagt er plötzlich: Ach was, und wenn schon! Enttäuscht kann jeder werden. Ich wage eine menschliche Regung. Ich fühle, das Leben muss mir irgendwie eine ergreifende Änderung entgegenbringen. Ich will es einmal versuchen, selbst auf die Gefahr hin, dass ich auf die Schnauze falle. Denn die Erfüllung meiner Sehnsüchte und die gewagte Befreiung meiner eingeengten Seele ist sowieso ein riskantes Unternehmen ... Ich glaube, ich stehe vor dem Portal des Paradieses, wo ich meine Träume realisieren kann, damit endlich Ruhe und Frieden in mich einkehren.

Marcus *richtet seinen Blick in die Tiefe der Bühne, als ob er dort sehen würde, wovon er träumt*: Sehe ich richtig oder phantasiere ich wieder?

Video-Installation von einer schönen Welt.

Marcus *verwirrt und fasziniert zugleich*: Es kann doch nicht schwer sein, zu einem bisschen Glück zu kommen!

Die **sanfte Stimme**: Nein, mein Lieber, du musst nur Mut haben und entscheiden. Was du dir auch wünschst, eine schöne Frau, Haare dunkel, brünett, blond ..., Augen dunkel, braun, blau ..., Körper groß, schlank, mollig, dick ... Brust flach, proportioniert, vollbusig (Vorsicht Silikon).

Man hört leises Kichern: Haut weiß, braun, schwarz ..., Geist intellektuell, eloquent, redselig, stumm, stumpfsinnig ... Was du dir auch vorstellst, steht dir zur Verfügung. Nur zugreifen, nur Mut ...

*Marcus steht mit offenem Mund, hängendem Unterkiefer
und aufgerissenen Augen da und kann nicht fassen, dass
auf einmal alles so einfach ist: Die Entscheidung liegt bei
ihm.*

Die **sanfte Stimme**: Ja, und du kannst wählerisch
sein.

*Marcus braucht eine Weile, bis er plötzlich mit seinem
Einkaufswagen vor der hinreißenden Frau steht, die ihn
mit ihrer sanften Stimme orientiert hat.*

Marcus: Das war gar nicht so einfach hierher zu
finden. Ich bin nur Ihrer Stimme gefolgt.

*Eine Mitte dreißigjährige Schöne, dynamisch, die ihn an-
himmelt. Alles Wünschenswerte in der Physiognomie
stimmt überein mit seinen Vorstellungen. Der >Körper-
bau< einer idealisierten jungen Frau ist so maßgerecht
konfiguriert, dass Markus seine Faszination nicht verber-
gen kann.*

Marcus *verlegen*: Was für ein zauberhafter Abend,
finden Sie nicht, meine Liebe?

Die junge Frau mit der **sanften Stimme**, *korrekt und
sachlich*: Es ist wirklich ein ausnehmend schöner
Abend, Marcus. Die Luft ist so … so …

Marcus: Betäubend und sanft.

Die **junge Frau**, *dankbar*: Ja, so leicht zu atmen. Finden Sie nicht, Marcus.

Marcus: Oh doch, doch, mehr als sanft, wie Ihre Stimme.

Die junge Frau ist etwas verlegen.

Eine **Roboterstimme** *aus dem Hintergrund unterbricht das Intermezzo mit den Worten*: Hallo Marcus, wie geht's?

Marcus, *überrascht, räuspert sich, was will er wieder*: Gut, ich bin überwältigt.

Roboter: Warum das?

Marcus: Da fragst du noch? Ich bin von der Schönheit und Anmut dieser Dame hingerissen.

Roboter: Diese umständlichen Sprüche kenne ich nicht. Ich bin für direkte und klare Kommunikation programmiert. Von zweideutiger Sprache verstehe ich weder ein Wort, noch deine Absicht.

Die **junge Frau**: Ich liebe ihn. Ich liebe ihn seitdem ich ihn kenne … Seitdem ich weiß, was die Liebe ist …

Musik: Sonatina Wo O 43 Nr.1 C-Moll für Mandoline / Ludwig van Beethoven.

Roboter: Aber du darfst den Menschen nicht so klar und authentisch deine Gefühle verraten. Jedenfalls bin ich so programmiert, Klartext zu akzeptieren, aber die Menschen sind so kompliziert, wenn es um … Sie sind es nicht gewohnt. Sie reden Stunden, Tage und Monate und manchmal sogar Jahre um das eigentliche herum, bis du erfährst, was sie eigentlich wollen.

Die **Frau** mit *sanfter Stimme*: Du solltest still sein.

Roboter: Ich muss Meldung machen. Für Widerreden seitens des Personals gibt es kein Pardon.

Marcus gibt sich wieder einen Ruck und streckt seine Hand der Frau mit der sanften Stimme entgegen. Auf das tiefste schockiert, stößt er an eine Glasscheibe, die er bis zu diesem Moment nicht wahrgenommen hat. Er zieht mit einem traurigen Lächeln die Hand zurück.

Marcus *mit leiser Ironie*: Die Liebe, die >wahre Liebe<, wenn es sie gibt, ist im Grunde eine Gefahr für den Einsamen!

Roboter: Von welcher Liebe sprichst du? Von der Liebe in deinen Phantasien oder von der der Menschen? Wenn du letztere meinst, so sieht sie rechnerisch, aber nicht herzlich aus.

Marcus: Ich meine die wahre Liebe. Nicht die Liebe zur Macht, wo die Frauen den Willen zur

Beherrschung und Absolution und die Geschicke des Lebens in die Hand nehmen. Narzisstisch ohne Rücksicht auf die Gefühle.

Kurzes Schweigen.

Und ich dachte, ich befinde mich in einer spirituellen Welt ohne Tücken, Hinterhältigkeit und Berechnung …

Roboter: Du und deine Generation … Ihr habt mit der automatisierten Genauigkeit der Worte ohne Beiklang die Logik fundamental technisiert und die Abschaffung der Metaphysik, die übersinnliche Welt von Nietzsche vollzogen. Ihr seid nun >Übermenschen<, so glaubt ihr jedenfalls. Mit der Destruktion der übersinnlichen Welt und Verneinung eines transzendenten Gott, habt ihr mich, den Roboter, geschaffen. Dafür seid ihr als Schaffende über euch hinaus in den >Übermenschen< gegangen. Ihr habt gewissermaßen durch die Vollendung eurer Phantasien in Roboter und mit der Intelligenz des Übermenschen, der >tolle Mensch<, in die >fröhliche Wissenschaft< den Tod Gottes verkündet. Ihr seid …

Marcus *brüllt auf:* Nein! Was redet diese Maschine da für einen Quatsch! Der Mensch ist gottesfürchtig, liebebedürftig und sinnlich. Er kann und will nicht Gott spielen …

Musik: Ave verum / Wolfgang Amadeus Mozart

Der **Roboter** *gib kratzige Geräusche von sich, wie bei der Frequenz- oder Sendersuche, plötzlich*: Was ist mit Gen- und Embryotransfer? Spielt ihr damit nicht Gott?

Marcus *wieder ruhig*: Man darf die Quantität der menschlichen Intelligenz nicht überbewerten.

Roboter: Ein guter Grundsatz, aber glaubst du selbst auch daran, Marcus?

Marcus: Ich glaube an die Macht der Moral, die befähigt die Décadence zu überleben!

Roboter: Der Mensch ist weit weg von der Moral. Er ist kranker, unstillbarer, ungeduldiger, unersättlicher, unzähmbarer ... als irgendein Tier, sonst hätte seine und die Tierwelt besser ausgesehen und die Welt wäre friedlicher.

Marcus, mit der Geste, sein Gesprächspartner ist ja nur ein Roboter, vielleicht wird er von den Frauen gehört.

Marcus: Das >Genie< ist die sublimste Maschine die es gibt, und die zerbrechlichste zugleich, genau wie ein Roboter. Aber ich suche keine Genialität, ich bin ein Schwärmer und verliebt!

Der Roboter bleibt stumm und zeigt keine Reaktion.

Marcus *lacht verzeihend*: Der maschinierte Philosoph ist für solche Diskussionen nicht weiter programmiert! Aber er übt seine Macht über mich aus. Meine Narrheit aber auch meine Bescheidenheit im Leben und in der Liebe kann er nicht begreifen.

Die **Frau mit der sanften Stimme** *ruft ungeduldig*: Bitte mach' die Schranke auf!

Roboter: Melanie, das kann ich nicht! Ohne seine Daten kann er nicht eintreten, das weißt du doch.

Marcus *lacht und ruft*: Melanie! O, meine göttliche.

Der **Roboter** *nimmt die Liebeserklärung von Marcus nicht wahr und fordert ihn auf*: Alter, Geschlecht, Job, Vermögen, Konten, …
Plötzlich mit sonderbarer Stimme: Die Datensammlung ist ein Pharaonengrab, wie es nur höchst selten gefunden wird. Wir sind zum Schweigen verpflichtet, das versichern wir, ohne wenn und aber.

Marcus, Senkrechtstarter und erfolgreicher Manager, ist solche Verhöre nicht gewöhnt. Wütend schiebt er wohl oder übel seinen Ausweis in den Roboterscanner.

Roboter *automatisch*: o.K. Nun brauchen Sie nur noch Ihre Kreditkarte hier einzustecken, (*er zeigt mit einem Lichtzeichen auf einen anderen Scanner*) dann öffnet sich automatisch die Schranke zur neuen Welt der Begierden.

Marcus folgt den Anweisungen und steckt dem Roboter seine Kreditkarte ein. Der Roboter setzt seine Maschinerie in Bewegung. Als er dabei ist, einen Schalter zu betätigen, signalisiert der Monitor ein Problem: Das Phänomen Davos, Lichtenstein und das Steuerparadies Schweiz.

Der **Roboter** *hat die rot leuchtenden Augen auf Marcus gerichtet*: Was bedeuten diese Transaktionen? Steuerhinterziehung? Die Teilnahme in Davos!

Marcus ist perplex. Melanie jenseits der Schranke ist konfus.

Melanie: Was soll diese absurde Frage? Warum diese Verdächtigungen?

Roboter: Nichts. Ich bin autorisiert solche Delikte zu entlarven … Ich darf nur >ehrliche< Leute reinlassen.

Melanie: Du bist programmiert! Du weißt überhaupt nicht was Autorität heißt, du Knallkopf, lass diese Scherereien, lass ihn unverzüglich rein!

Roboter: Nicht ohne sein >Ehrenwort<, Ehrenwort! Ehrenwort! Und nachweisbare Erklärung über Maurice Strong.

Marcus: Verdammt! Wer ist Maurice Strong, den Typ kenne ich nicht!

Melanie: Wer ist Maurice Strong? Was hat er mit Marcus zu tun?

Der **Roboter** *aktiviert seine Daten, dann trägt er vor*: … Um den Planeten zu retten, entscheidet eine kleine Gruppe aus der großen Runde in Davos, es sei ihre Pflicht, den Zusammenbruch der westlichen Zivilisation herbeizuführen! Maurice Strong redete sich heiß. Diese kleine Gruppe von World Leaders bildet also eine Verschwörung mit dem Ziel, die Weltwirtschaft aus dem Lot zu bringen. Es ist Februar. Alle entscheidenden Leute sind in Davos. Die Verschwörer gehören zur Führungselite der Welt. Einer von ihnen ist Marcus.

Der Roboter piepst: Sie haben sich in den globalen Waren- und Aktienmärkten positioniert. Mittels ihres Zugangs zu den Finanzmärkten, zu den Computernetzen und zu den Goldreserven erzeugen sie eine Panik. Dann verhindern sie, dass überall auf der Welt die Finanzmärkte schließen. Sie blockieren das Getriebe. Sie heuern Söldner an, welche die übrigen Konferenzteilnehmer in Davos als Geiseln festhalten. Die Märkte bleiben offen…

Marcus kann seine Überraschung nicht verbergen. Er kennt diese Weltelite. Er sitzt im Zentrum der Macht. Er könnte das alles tatsächlich in Gang setzen, aber er tut es nicht. Er ist weit weg von solchen Ideen.

Marcus: Ich bin kein Revolutionär. Ich bin kein Terrorist!

Melanie: Du bringst uns zum Rasen, weißt du das?

Roboter: Warum das? Warum rasen?

Marcus: In deinen gespeicherten Daten sind Verwechslungen, die einen für strafbare Handlungen verurteilen, die man nicht begangen hat. Meine Aktivität in Stiftungen ist ehrenamtlich und uneigennützig.

Roboter: Stiftung klingt gut! Ehrenamtlich klingt gut! Auch für die Ohren eines Roboters sind gute Taten angenehmer als Scharlatanerie. Wohlfahrt und soziales Engagement werden in meiner Kartei betont wohlwollend entgegen genommen.

Kurze Pause. Keiner weiß, wie es weiter geht.

Roboter *plötzlich*: Eine letzte Frage: Darf ich das Finanzministerium um eine Bestätigung bitten?

Marcus: Wozu das denn? Ich habe doch mein Ehrenwort gegeben.

Roboter: Marcus' Ehrenwort ist jeden Mannes Ehrenwort! Wer ist für die Finanz- und Weltwirtschaftskrise verantwortlich, wenn nicht die Bankster?

Marcus *ruft*: Gibt es denn niemanden, der mich von diesem Monster erlöst? Ein Roboter! Ein Roboter, der mich verhöhnt und beleidigt! Gibt es nur Maschinen wie dieses Monster in meiner nächsten Nähe? Gibt es denn kein menschliches Wesen hier? Oh, mein Herz! Mein Herz schlägt zum Zerspringen! Ich kann nicht mehr!

Mit verwirrtem Blick starrt Marcus vor sich hin. Er schweigt. Dann bricht er stöhnend zusammen.

Marcus *schluchzt*: O, liebste Melanie!

Melanie *ernst*: Mich interessiert auch zu wissen, wer für die Wirtschaftskrise verantwortlich ist.

Marcus zeigt auf einen Spielzeugaffen, der dauernd Seifenblasen pustet und den Zeigefinger auf ihn richtet.

Marcus: Die Vermögensblase und die Kreditblase sind für mich die Quellen, aus denen sich das ökonomische Unheil speist.

Melanie: Was ist eine Vermögensblase?

Marcus: Das sind jene um die Welt vagabundierenden Billionen Dollar, die nicht mehr in die Waren produzierende Wirtschaft investiert werden, in

Fabriken und Maschinen, weil dort die Renditen geringer sind als auf Finanzmärkten.

Melanie: Und was erreichen sie, diese gierigen Bastarde, die rich and shameless, damit?

Marcus: Mehr Dividende et impera – mehr Einnahmen und Macht.

Melanie *etwas naiv*. Wie?

Marcus *aufklärend*: Das globale Finanzvermögen lag 1980 bei 12 Billionen Dollar und hat sich bis 2007 auf 196 Billionen Dollar vervielfacht. Damit sind Finanzvermögen in den vergangenen 25 Jahren dreimal so stark gestiegen als die Weltproduktion, die Vermögensansprüche der Geldbesitzer sind inzwischen viermal größer als die jährliche globale Wirtschaftsleistung.

Melanie: Wer sind diese gierigen Bastarde und schamlosen Reichen?

Marcus *lacht*: Rich and shameless werden von den Medien gierige Bastarde genannt, es sind Fabrikbesitzer, Bankster und Manager.

Melanie: Und was macht der Staat?

Marcus: Er ist machtlos. Die Bankster, nur sie kriegen Schwimmwesten. Der Staat sozialisiert die

Verluste. Die Defizite zahlt der Steuerzahler, er muss für die Krise stehen.

Melanie: Was heißt das bitte?

Marcus: Krise der Marktwirtschaft, die aus dem Land des Raubkapitalismus kommt, wo die Banken machen konnten, was sie nur wollten und die Politiker versagten, ist nun eine globale Krise.

Melanie: Wenn die Banken und ihre Bankster sich auf den Staat verlassen können, warum nicht das arbeitende Volk der Steuerzahler und Rentner?

Marcus: Diese Fragen kann nur ein ehrlicher Politiker beantworten.

Melanie: Wo gibt es solch kluge und ehrliche Politiker?

Marcus und Melanie lachen hell auf. Unbeeindruckt von dieser Annäherung zwischen beiden versperrt der Roboter immer noch den Eintritt von Marcus.

Musik: Adagio / Albioni

Das Licht wird schwach.

Melanie hat die Szene besorgt beobachtet und erkennt wie verloren Marcus im Kampf gegen Roboters >Gewissen< ist. Sie betätigt einen Knopf an ihrer Armbanduhr. Plötzlich

sieht man einen dünnen, orangegelben Lichtstrahl, der den Roboter in die Brust trifft. Mit einem rasselnden Geräusch erstarrt das künstliche Wesen. Schließlich klicken die Augen, er lässt die Arme sinken und fällt um.
Das Licht kommt wieder.

Melanie *triumphierend*: Komm herein, Marcus, bevor ein anderer Schnüffler auftaucht!

Marcus, dessen Blick sich erhellt, lächelt ihr mühsam zu. Mit einem schrägen Blick auf den reglosen Roboter auf dem Boden, tritt er, kreideweiß im Gesicht, ein. Sein Mund verzerrt sich wieder mühsam zu einem Lächeln.

Marcus: Ah! Mit solchen Eskapaden habe ich nicht gerechnet.

Melanie: Nun, ist alles vorbei.

Vorhang

Dritter Akt

Gedämpftes Licht

Musik: Reigen seliger Geister / Gluck

Marcus *lässt den Roboter nicht aus den Augen:* Na, hoffentlich lässt er uns in Ruhe!

In einer Ecke im Hintergrund der Bühne steht Melanie. Nach einer Pause.

Marcus: Mich umfängt die Liebe mit unendlich zarten Armen und an das warme lebendige Herz meiner Geliebten sanft herangezogen.

Melanie: Die Liebe fing mich ein mit ihren Netzen …

Marcus: …und Hoffnung bietet mir die wahre Liebe an.

Melanie *mit einer Geste:* Erkennst du mich denn wirklich nicht? *Sie fängt an zu singen:* Lieber Freund, alter, guter, neuer Freund, du blickst mich verwundert an, kannst du nicht begreifen, dass ich lieben kann? Lass mein Herz zittern und der tränende Augenschein, denn nur die Liebe ist mehr als sein.

Marcus *tritt vor Melanie, glücklich verliebt*: Durch Liebe werden alle Dinge leichter, die der Verstand als gar schwer gedacht. Ich will dich! Ich will dich, nur dich für jetzt und immer.

Der übergroße **Sicherheitsroboter**, *der mit gespreizten Beinen in der Mitte des Raumes steht, ruft: Keine Bewegung! Keine Widerrede!*

Mit einem Satz steht er zwischen Marcus und Melanie.

Marcus: Nicht schon wieder! Ich habe mich doch klar und deutlich ausgedrückt, oder? Ich habe mich entschieden. Ich möchte Melanie mitnehmen …

Roboter *mit einer hohen, piepsigen Stimme*: Bitte haben Sie Geduld, Sir! Bitte haben Sie Geduld, Sir! Bitte füllen Sie ihren Kaufvertrag aus.

Er steckt ein rosarotes Blatt in Marcus' Hand und piepst sehr freundlich: Sie sollten bitte erst das Formular gründlich durchlesen, bevor Sie es ausfüllen und unterschreiben.

Der metallene Roboter trägt zehn Reihen kleiner Lämpchen auf seiner Brust, die andauernd an- und ausgehen. Der Roboter tritt wieder ein paar Schritte zurück und bleibt still.

Melanie beobachtet Marcus mit der Akribie einer Siegerin an der Seite des Roboters.

Roboter *flüstert*: Wir müssen ihn eine Weile zappeln lassen.

Melanie *murmelt eifrig*: Was getan werden muss, darf man nicht unterlassen.

Marcus nimmt das Blatt und dreht es ein paar Mal um. Er sieht nichts, das Blatt ist leer und blank.

Der Roboter gibt ihm ein Zeichen, er möge das Formular gegen das Licht halten. Marcus tut es. In diesem Moment sieht er in blauer Schrift gedruckt: >Nur dieses Papier trennt uns. Wir werden sofort vereint sein, wenn du dieses Formular ausfüllst, unterschreibst und dem Roboter zwischen die siebte und achte Reihe der Lampen auf seiner Brust steckst<. Marcus dreht das Formular.

Melanie *mit verführerischer Stimme*: Ich gehöre sofort dir, mein Gebieter. Nun lese auch das Kleingedruckte und unterschreibe ohne Verzögerung.

Marcus *liest*: >Bevor ich dich sah, war ich einsam und allein, wo ich nun dich erblicke, will ich glücklich sein. Plötzlich scheint mir ein neuer Schimmer das Leben zu erhellen, Blumen dringen aus den Wolken, Sterne spielen in den Wellen<.
Schweigen.

Der **Roboter** *trägt mit piepsiger Stimme vor, was Marcus auf dem Formular gelesen hat*: All mein Hab und Gut vermache ich meinem liebsten Schatz. Mein Ressentiment, Feingefühl, selbst meine Seele.

Die Buchstaben und die piepsige Stimme, werden immer kleiner. Mein Herz, mein Verstand, meine Ehre, alles vermache ich meinem lieben Schatz, damit sie für immer und ewig bei mir bleibt.

Roboter: Nun unterschreiben Sie.

Marcus unterschreibt und steckt das Formular in die Brust des Roboters. Einige Lampen beginnen gleich zu blinken. Nach einigen Augenblicken gibt der Roboter ein heiteres Geräusch von sich, dann piepsig und laut.

Roboter: Gratuliere, meinen Glückwunsch. Ich nenne euch Kraft meiner spirituellen Macht als Ehefrau und Ehemann... wünsche ein phantasiereiches Leben.

Plötzlich gehen die Lichter an seiner Brust an, um dann mit melodischem Tamtam eines Hochzeitsmarsches wieder zu blinken.

Jetzt erklingt Sonatina Wo O43 für Mandoline, Nr. 2 Es-Dur / Ludwig van Beethoven

Melanie: Du hast es geschafft! Du hast deine ideale Frau ... Fahr mich nach Hause. Fahr mich zu >meinem Heim<.

Im gleichen Atemzug legt Melanie blitzschnell die Perücke ab, reibt die Augen und entfernt die blauen Kontaktlinsen. Sie sitzt im Einkaufswagen!

Marcus mit aufgerissenen Augen ist verdutzt, blickt nach oben mit einer Geste, bist du denn vom Himmel gefallen.

Marcus: Du! Du! Du bist es also, die meinen Kopf verdrehte, mein Herz in Besitz nimmt und meine Seele retten will?

Ohne ein weiteres Wort zu verlieren schiebt er den Einkaufswagen samt Melanie zur Kasse.

Plötzlich hallt es durch die Bühne: >Einsame Tage, ihr wollt auf tapferen Füßen gehen<.

Andante con Variazioni (Mandoline) Wo O 44 Nr. 2 D-Dur / Ludwig van Beethoven

Melanie: Nun ja, Liebster, du hast dich von mir scheinbar täuschen lassen.

Marcus: Ich kann es nicht leugnen.

Melanie: Ich habe jahrelang geübt.

Marcus: Ich frage mich nur, wozu das nötig war.

Melanie: Jeder Mensch nutzt Situationen aus, in denen er seine Visionen verwirklichen kann. Du hast mir dazu auf deine Weise Gelegenheit gegeben.

Marcus *einlenkend*: Und dich habe ich in meiner nächsten Nähe, o nein, nicht einmal wahrgenommen. Dich, deine Großartigkeit, deine Schönheit, deine Eloquenz …

Melanie: Eine Frau wie ich, lieber Marcus, darf den Erfolg bei Männern wohl erwarten, sich aber niemals ganz darauf verlassen. Darauf beruht ihr Geheimnis. Stellt sie sich also naiv und überlässt damit die Initiative dem Mann, dann kann ihr nichts Böses geschehen.

Marcus *immer noch von der überraschenden Wende beeindruckt*: Wenn der Mann kein Interesse zeigt?

Melanie: Richtig. Darauf muss sie es natürlich ankommen lassen. Wenn er so blöd und weltfremd ist. Heute kann ich wohl sagen, dass ich dich von Anfang an geliebt habe, wollte dich aber nicht verführen. Obwohl ich viele Gelegenheiten dazu hatte, oder irre ich mich?

Marcus: Hast Du diese Strategie von deiner Mutter?

Melanie *nicht überrascht und mit einer Geste, nicht alle hängen an der Mutterbrust bis sie tot sind*: Ich habe nie so viel Wert auf Mutters Meinung gelegt wie du!

Ich bin Individualist und nicht ständig auf Männersuche.

Marcus: Meine liebste Melanie, ich bin dir dankbar, dass du dich für diese geheimnisvolle Mission hergegeben hast. Ich bin vielleicht schwerfällig, zu naiv und unvollkommen, nur auf beruflichen Erfolg bedacht, aber antworte mir auf eine Frage: Wenn du als meine Chefsekretärin ein einziges Mal versucht hättest mich wachzurütteln, mir die Augen zu öffnen, ich weiß es nicht, vielleicht lag es nicht im Bereich deiner Vorstellungen: hätte ich dich dann auch ignoriert?

Melanie *überrascht*: So drückt jemand wie du seine Gefühle aus.

Marcus: Ich bin nicht gefühllos, liebe Melanie. Ich bin nur unfähig meine Gefühle zum Ausdruck zu bringen. Du bist die verführerischste Frau, der ich je begegnet bin. Ich bin blind und autistisch mit dir umgegangen.

Melanie *lacht verführerisch*: Ist das alles, was du an mir zu schätzen weißt?

Marcus *in Gentleman-Manier*: Darüber spricht ein Mann von meinem Format nicht!

Melanie: Bist du nun mit deinem Einkauf wirklich zufrieden, mein Freund und Ehemann?

Marcus *lacht*: Und Chef! Zufriedenheit ist weit weg von dem, was ich empfinde.

Melanie: Raus mit der Sprache der Gefühle, was empfindest du?

Marcus: Ich bin überwältigt!

Melanie: Abwarten und Tee trinken, sagen die Ostfriesen.

Marcus: Wie kommst du darauf?

Melanie: Worauf?

Marcus: Ostfriesen.

Melanie: Ich bin dort geboren.

Marcus' Handy klingelt.

Marcus *geduldig, nachsichtig nach einer Weile*: Ja, Mama, ich verstehe dich nicht ganz, Liebste.

Marcus stellt sein Handy laut, damit Melanie mithören kann.

Marcus' Mutter: Nein, ich habe vieles versäumt. Ich hätte dir manches über Frauen besser erklären müssen, und manches hättest du vielleicht verstanden. Ja, ich darf sagen, sie hätten dich sogar erschüttert. Aber zum vollen Verständnis meiner Unschuld …

Marcus *lacht verzeihend*: Aber wirklich, Mama … Unschuld?!

Marcus' Mutter *einlenkend, aber nicht einsehend*: Schuld, wenn du so meinst. Jedenfalls, zu ihrem Verständnis fehlen dir zwei entscheidende, ja wesentliche Dinge: ein Verstand …

Marcus *schockiert*: Aber Mama! Wirklich …!

Marcus' Mutter *unbeirrt*: … und ein Herz, das zur Liebe gehört.

Schweigen

Marcus' Mutter: Allerdings weiß ich inzwischen, dass gerade diese den meisten Menschen fehlen. Aber ich darf nicht egoistisch sein. Ich habe dich über alles geliebt, ohne zu wissen, dass zur Liebe gerade der Verstand vor dem Herzen positioniert werden muss, vor allem dann, wenn es sich um unsterbliche Mutterliebe handelt

Marcus *atmet auf*: Danke Mama! Wir, Melanie und ich, sind glücklich und dankbar.

Mutter *unbeirrt und unbeeindruckt*: Gib Acht, mein Liebling, wir wollen in Zukunft allen deinen Wünschen und Träumen zur Erfüllung verhelfen, Sünden vergessen und von der Vergangenheit nicht mehr reden.

Marcus: Meine liebste Mutter, ich hatte ohnehin nicht die Absicht, sie mit dir zu erörtern.

Mutter, *wie zu einem kleinen Bub*: Wir glauben auch, es wäre gut für dich, Liebster, wenn du sie vergessen würdest.

Marcus: Wer sind >wir<?

Mutter: Nun, Vater und ich.

Marcus: Ach so, natürlich. Mit anderen Worten: du hast Vater auferstehen lassen.

Mutter *lacht hell und geniert*: Mein Engelchen, du bist wirklich unverbesserlich.

Marcus: Vielleicht hast du Recht, niemals hat jemand versucht mich zu verbessern.

Mutter *etwas verletzt*: Aber Liebster …

Marcus: Ich weiß, du hast es versucht, Mutter, aber ich glaube dir versprechen zu können, dass ich geheilt bin.

Mutter: Ich wäre sehr glücklich, Liebster. Schließlich bist du … mein Sohn.

Marcus *beendet das Gespräch*: … und das war also meine Mutter!

Melanie *blickt Marcus mit unbewegtem Gesicht an und sagt undurchsichtig*: Wir werden sehen, ob sie dich frei gibt. Ob wir in Ruhe leben können!

Marcus *pathetisch*: Ich hatte mein Leben meiner Mutter geweiht, ein Leben voller bitterer Entsagung…

Melanie: Freiwillige Entsagung!

Marcus: … ich habe mein Herzblut dafür hergegeben.

Melanie *ironisch*: Ach, mein Schatz, nun bist du herzkrank!

Marcus *ärgerlich*: Nein, ich meine es im übertragenen Sinne.

Melanie *vergnügt*: Dann lass uns den Tag feiern.

Während sie sich umarmen, **setzt die Orgel ein und schwillt triumphierend an.**

Musik: Bach Air / Johann Sebastian Bach.

Das Licht wird immer schwächer. Melanie und Marcus stehen inmitten der Bühne.

Melanie: Ihr lacht über das, was wir erzählen! Irre! Vielleicht! Vielleicht ist unsere Liebe irre, doch nicht verrückt.

Marcus: Am Anfang dachte ich an nichts außer an Karriere. Ich fand es richtig, mich in keine Liebesaffäre einzulassen, in die Angelegenheit des Anderen nicht einzumischen und meine Liebe, Hingabe und Ehrgeiz allein dem stummen Leben der Phantasien an der Seite meiner Mutter zu schenken. Am Anfang war ich sogar erfüllt und zufrieden. Nachts, als ich zu Bett gehen wollte, fiel mir erst meine Einsamkeit ein, die ich tagsüber nicht spürte. Ich wanderte mit meinen Phantasien um die Welt. Übersah meine nächste Umgebung.

Er blickt mit einem liebenswürdigen Lächeln zu Melanie, mit einer Geste der Einsichtigkeit.

Markus: Damit begann ich. Ich verlernte das Mitgefühl mit mir! Trümmer von Träumen und Phantasien. Aus diesen Trümmern baute ich eine Welt! Meine eigene Welt. Nun, wo ich den Anfang gewagt habe, kommt wie ich hoffe, das Beste von selber nach.

Melanie: Du hast die Probleme deiner Welt auf den Punkt gebracht. Also du findest dich in einer

Welt von Kälte … Ehrgeiz und Machenschaften der Kontrahenten und Hinterhältigkeit umgeben. Keine Liebe, vor allem keine verbindliche, nur zweckmäßige Liebe unter Menschen, und du bist daraus entflohen in meine Welt. Aber meine Welt ist auch nicht von Dauer, sie ist eine Scheinwelt.

Marcus ist den Tränen nahe, als er Melanie so klug und verständnisvoll sprechen hört.

Melanie: Es geht den meisten von uns so, oder?

Marcus: Nur empfinden es wahrscheinlich wenige mit solcher Intensität und Heftigkeit wie ich!

Melanie: Oder wenige haben das Bedürfnis, diesen Empfindungen nachzugehen! Denn Sie befinden sich schon lange in ihrer Scheinwelt. Sie haben sich daran gewöhnt.

Marcus: Aber meine Liebste, sag auch dies: außer diesem verzweifelten Hin und Her zwischen Schein und Sein, außer dem Pendeln zwischen vergnügter und ausgetrockneter Seele kann es nicht einen realen Weg geben, den wir gemeinsam begehen könnten?

Melanie: O ja, natürlich. Ich sagte schon, dass ich eine der wenigen Alternativen bin. Probiere und du wirst erfahren, was Glück ist… >Glück ist das Talent für das Schicksal< sagt Novalis.

Marcus: Ist Glück Bestimmung?

Melanie: Ist, wer Glück hat auch glücklich?

Marcus nimmt plötzlich ihren Arm. Im Hintergrund schwillt die Musik an.

Konzert für Klarinette, KV 622 / Wolfgang Amadeus Mozart.

Marcus: Woran denkst du?

Melanie: An deine Vergangenheit.

Marcus: Ich wollte meine Mutter umbringen!

Melanie: Ja, oder vielmehr warst du es, der das wollte. Es war der verführte Junge, der an ihr Rache nehmen wollte.

Marcus *angewidert*: Der junge Marcus war ein kleines Monster.

Melanie: Nein, mein Lieber. Das war die Phantasie eines Jungen, die er nie in die Tat umsetzen würde.

Marcus: Ich danke dir, dass du mich verstehst.

Kurzes Schweigen

Marcus: Kennst du die Geschichte von Ödipus?

Melanie: Alexander der >Große< hat seinen Vater umgebracht, um ungehindert die Mutter für sich selbst zu >haben<.

Marcus: Ödipus, das sind wir doch alle!

Melanie: Die Allgemeinheit einer Meinung ist, im Ernst geredet, kein Beweis, ja nicht einmal ein Wahrscheinlichkeitsgrund ihrer Richtigkeit.

Marcus: Es ist Zeit, meine Liebe. Lass uns aufbrechen und auf unser Glück hoffen.

Melanie *denkt laut*: Wenn ich nun sein Herz habe, habe ich auch seine Liebe.

Marcus *murmelt*: Gefangen, aber glücklich.
Dann appelliert er an das Publikum:
O ihr Bankster und Snobs dieser Welt,
sehet, das ist Marcus,
der das schwere Rätsel löste,
der so reich und mächtig war,
dessen Glück ihr all priest und beneidetet!
Seht, wie hat das Unheil des Kapitals
die Seele dieses Mannes eingesperrt!
Muss der Mensch nicht sehnsüchtig spähen
nach dem spirituellen Wert des Lebens?
Nach der Liebe und Leidenschaft der Seele?
Kann man fortan einen Menschen

glücklich nennen, der noch nicht erfahren hat:
Lachen und Weinen zu jeglicher Stunde
ruht bei der Liebe auf so mancherlei Grunde.
Morgens lacht' ich vor Lust,
und warum ich nun weine
bei des Abends Scheine,
ist mir selbst nicht bewusst.
Weinen und Lachen zu jeglicher Stunde
ruht bei der Liebe auf so mancherlei Grunde.
Abends weint' ich vor Schmerz;
Und warum du erwachen kannst
am Morgen mit Lachen,
muss ich fragen, O Herz.

-Hafez-

Er schiebt den Einkaufswagen mit Melanie vor sich her …
Sie gehen ab.

Während dessen setzt Musik ein: **Also sprach Zara-**
thustra, Einleitung/Tondichtung nach Nietz-
sche/Richard Strauss.

Melanie *trägt zum Abschied vor:*
Der Schöpfung Zweck und Streben ist die Liebe.
Die Kraft im Saft der Reben ist die Liebe.
Sie ist der Reim im Lied der Jugendzeit.
Merk auf mein Wort:
Das Leben ist die Liebe

-Chayyam-

Vorhang

Musik zum Schauspiel

1. *Don Juan – Richard Strauss*
2. *Der Schwan (Karneval der Tiere) – Sain Säens*
3. *Von der großen Sehnsucht (Also sprach Zarathustra) – Richard Strauss*
4. *Von den Freuden und Leidenschaften – Richard Strauss*
5. *Romanze für Violine und Orchester F-Dur – Beethoven*
6. *Largo aus Xerxes – Händel*
7. *Konzert für Harfe und Flöte, KV 299 – Mozart*
8. *Pastorale, 1. Satz, Erwachen heiterer Empfinden – Beethoven*
9. *Pastorale, 4. Satz, Gewittersturm – Beethoven*
10. *Pastorale, 5. Satz, Frohe und dankbare Gefühle – Beethoven*
11. *Klavierkonzert Nr. 32 – Mozart*
12. *Sonatina Wo O 43 Nr. 1 C-Dur für Mandoline – Beethoven*
13. *Ave verum – Mozart*
14. *Adagio – Albioni*
15. *Reigen seliger Geister – Gluck*
16. *Sonatina Wo O 43 Nr. 2 Es-Dur für Mandoline – Beethoven*
17. *Andante con Variazioni, Wo O 44 Nr. 2 D-Dur – Beethoven*
18. *Bach Air – Sebastian Bach*
19. *Konzert für Klarinette, KV 622 – Mozart*
20. *Einleitung Also sprach Zarathustra – Richard Strauss*